DE COLORES

A traditional Spanish song
pictures by Dave Blanchette

McGraw Hill Wright Group

www.WrightGroup.com

 **Wright Group**

Send all inquiries to:
Wright Group/McGraw-Hill
P.O. Box 812960
Chicago, IL 60681

ISBN 0-07-572889-3

5 6 7 8 9 QST 06

The **McGraw·Hill** Companies

DE COLORES

De colores,

4

5

de colores se visten
los campos en la
primavera.

6

De colores,

9

de colores

son los pajaritos que vienen de
afuera. De colores,

de colores es el arco
iris que vemos lucir.

14

Y por eso los grandes
amores de muchos colores
me gustan a mí.

16

Canta el gallo,
canta el gallo
con el kiri kiri
kiri kiri kiri.

La gallina la
gallina con el
cara cara cara
cara cara.

Los polluelos
los polluelos
con el pío pío
pío pío pío pi.

18

19

Y por eso los grandes
amores de muchos
colores me gustan a mí.

20

Y por eso los grandes
amores de muchos colores
me gustan a mí.

22

Y por eso los grandes amores de muchos colores me gustan a mí.

24